Fechas que marcaron la historia de México

Fechas que marcaron la historia de México

Editorial Época, S.A. de C.V.
Emperadores 185
Col. Portales
C.P. 03300, México, D.F.

Fechas que marcaron la historia de México

© Derechos reservados 2003
© Editorial Época, S.A. de C.V.
Emperadores No. 185
C.P. 03300—México, D.F.
email: edesa@data.net.mx
Tels: 56-04-90-46
       56-04-90-72

ISBN: 970-627-297-8

Impreso en México — *Printed in Mexico*

México prehispánico

1064
La ciudad de Culhuacan es fundada por los toltecas que procedían de Tula.

1325
Fundación de Tenochtitlan.

1427

3 de abril: Izcóatl es proclamado señor de Tenochtitlan. Él fundó la monarquía y formó una alianza con Tlacopan y Texcoco.

1440

Julio: Moctezuma Ilhuicamina sube al trono. Él fue quien estableció la Guerra Florida con los tlaxcaltecas. Durante su mandato se construyó el Acueducto de Chapultepec.

1469

Junio: Inicio del gobierno de Axayácatl, que sometió a los tlatelolcas. Durante su mandato se mandó a esculpir el Calendario Azteca o Piedra del Sol.

1481

30 de octubre: El príncipe Tizoc sube al trono mexica. Mandó labrar la piedra de los sacrificios del Templo Mayor.

1485

Hernán Cortés y Monroy nace en Medellín, Extremadura, España.

1492

12 de octubre: Cristóbal Colón descubre un nuevo continente.

1493

3 de mayo: El Papa Alejandro VI expide una bula en la que se señalaba una "Línea de demarcación", en el nuevo continente; correspondiendo a Portugal las tierras que se encontraban al oriente de esa línea y a España las del occidente.

1502

Agosto: Moctezuma Xocoyotzin sube al trono mexica.

1503

29 de enero: Fundación de la Casa de Contratación de Sevilla.

1519

10 de febrero: Hernán Cortés parte del puerto de La Habana Cuba, dispuesto a conquistar tierras para España.

16 de abril: Cortés recibe como regalo veinte muchachas, entre las que venía la Malintzin (Malinche); la cual había de servir como intérprete durante la Conquista.

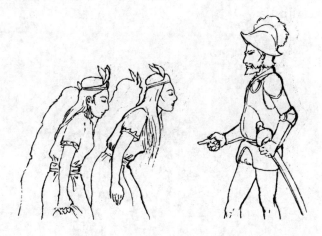

23 de septiembre: Cortés entra victorioso en Tlaxcala.

8 de noviembre: Entrada de Cortés a Tenochtitlan. Fueron recibidos por Moctezuma.

1520

2 junio: Matanza del Templo Mayor. Aprovechando una ausencia de Cortés, Pedro de Alvarado atacó a los nobles mexicas cuando festejaban el renacimiento de Tezcatlipoca.

29 de junio: Cuauhtémoc mata de una pedrada a Moctezuma Xocoyotzin.

30 de junio: La Noche Triste. Cortés lloró bajo un árbol su primer gran derrota.

7 de septiembre: Cuitláhuac es elegido emperador de los mexicas. Más tarde falleció de viruela.

1521

Enero: Cuauhtémoc sube al trono mexica.

26 de mayo: Sitio de la ciudad de México.

13 de agosto: Destrucción de la Gran Tenochtitlan.

México durante el virreinato

1522

15 de octubre: Hernán Cortés es nombrado Capitán General de la Nueva España por el emperador Carlos V.

1524

15 de marzo: Se dictó la primera ley en materia de trabajo, que consistía en ordenanzas para el gremio de herreros en México.

1 de agosto: Carlos V creó el Real Consejo de Indias.

1525

14 de enero: En el sitio en donde más adelante se erigiría la Catedral de México, los franciscanos construyeron la primera iglesia.

28 de febrero: Muerte de Cuauhtémoc, el cual fue mandado ahorcar por Cortés.

1526

14 de septiembre: Francisco de Orozco funda la Villa de Antequera (Oaxaca) como población española.

1527

13 de diciembre: Se estableció la primera Audiencia Gobernadora en Nueva España, presidida por Nuño Beltrán de Guzmán.

21 de diciembre: Fundación del Obispado de México. El primer obispo fue el franciscano Fray Juan de Zumárraga, que se dedicó a defender a los indios.

1528
6 de diciembre: Los oidores de la Primera Audiencia Gobernadora, desembarcaron en Veracruz.

1530
18 de abril: Fundación de la Villa del Espíritu Santo, en Nochistlán (Guadalajara), por Santiago de Oñate.

21 de diciembre: Se inició la construcción de la Catedral de México.

1531
15 de abril: Fray Toribio de Benavente (Motolinia) y el Oidor Francisco de Ceinos, fundaron la Ciudad de Puebla de los Ángeles.

1535

17 de abril: Don Antonio de Mendoza es nombrado por Carlos V, el primer virrey de la Nueva España.

1536

6 de enero: Inauguración del Imperial Colegio de Santa Cruz de Santiago Tlatelolco, para jóvenes nobles indígenas. Fray Bernardino de Sahagún fue uno de sus catedráticos.

11 de abril: El Virrey Mendoza fundó la primera Casa de Moneda en México.

18 de octubre: El impresor italiano Juan Pablo, llegó a México con la primera imprenta del continente.

1541

1 de octubre: El Virrey Mendoza fundó la ciudad de Valladolid, hoy Morelia.

1547

2 de diciembre: Muere Hernán Cortés en Castillejo de la Cuesta, España.

1548

13 de febrero: Creación de la Audiencia de Guadalajara.

1550

28 de noviembre: Luis de Velasco es nombrado segundo virrey de la Nueva España. Se preocupó por la situación de los indígenas. Liberó a los que trabajaban en las minas como esclavos. Limpió los caminos de bandoleros, fundó la Universidad y durante su gobierno, Bartolomé de Mina, un minero de Pachuca, inventó un sistema para mezclar mercurio con plata.

1551

21 de septiembre: Se fundó la Real y Pontificia Universidad de México.

1563

15 de mayo: La Ciudad de Durango es fundada por Alonso de Pacheco.

1571

28 de julio: El Santo Oficio o Tribunal de la Inquisición es instaurado en México. Su primer presidente fue el Arzobispo Pedro de Moya y Contreras.

1573

1 de enero: Fundación del Colegio de San Pedro y San Pablo en la ciudad de México (San Ildefonso).

1574

15 de abril: La inquisición practica el primer auto de fe en México.

1581

3 de octubre: Nace en Taxco el escritor Juan Ruiz de Alarcón.

1590

15 de mayo: Fundación en la Nueva España de las primeras fábricas de hilados y tejidos de lana.

1592

11 de enero: Construcción de la Alameda en la Ciudad de México por orden del Virrey Luis de Velasco.

1600

11 de junio: El servicio de diligencias a Veracruz es inaugurado.

1618

16 de abril: Fundación de la Villa de Córdoba, en Veracruz.

1645

14 de agosto: Nace en la Ciudad de México Carlos de Sigüenza y Góngora.

1651

12 de noviembre: Nacimiento de Juana de Asbaje y Ramírez de Santillana en San Miguel Nepantla. (Sor Juana Inés de la Cruz). Sor Juana es considerada como la "Décima musa". Falleció el 17 de abril de 1695 en la capital de la Nueva España.

1665
Septiembre: Erupción del volcán Popocatépetl.

1675
5 de junio: Se acuñan monedas de oro en la Casa de Moneda de México.

1681

3 de mayo: El jesuita Fray Eusebio Kino, llega a la Nueva España. Él es el colonizador de Sonora y California.

1693

14 de agosto: Se publica "El Mercurio Volante", primer periódico en la Nueva España. Fue publicado por Carlos de Sigüenza y Góngora.

1701

7 de marzo: Felipe V sube al trono de España.

1702

3 de octubre: Establecimiento en Veracruz del mercado francés de esclavos negros para venderlos en la Nueva España.

1728

I de enero: Publicación de la "Gaceta de México",
bajo la dirección de Francisco Sahagún de Arévalo.

1750

8 de julio: Descubrimiento de las ruinas mayas
de Palenque.

1753

8 de mayo: Miguel Hidalgo y Costilla nace en la Hacienda de Corralejo, jurisdicción de Pénjamo, Guanajuato.

1765

30 de septiembre: José María Morelos nace en Valladolid (Morelia), Michoacán.

1767

25 de junio: Carlos II ordena la expulsión de los jesuitas de todas las posesiones españolas.

1768

8 de septiembre: Nacimiento de Josefa Ortiz de Domínguez en Valladolid.

1771

23 de septiembre: Fray Antonio de Bucareli y Ur-
súa es nombrado cuadragésimo sexto virrey de la
Nueva España. Realizó muchas obras, como la fundación del Hospicio de Pobres, un hospital para enfer-
mos mentales; además estableció el Tribunal de Mine-
ría, terminó de construir y artillar la fortaleza de San
Diego, en Acapulco; mandó construir una gran avenida
en la Ciudad de México, que se llamó Paseo Nuevo
(hoy en día, calle de Bucareli).

1775

15 de febrero: El Monte de Piedad es fundado en
la Ciudad de México por Pedro Romero de Terreros.

1776

15 de noviembre: Nace en la Ciudad de México,
José Joaquín Fernández de Lizardi, poeta, fabulista,
dramaturgo, novelista y periodista.

1779

21 de enero: Ignacio María de Allende nace en San Miguel el Grande, de la Intendencia de Guanajuato.

1783

27 de septiembre: Agustín de Iturbide nace en Valladolid.

1784

18 de noviembre: Fundación de la Real Academia de San Carlos..

1789

4 de agosto: El virrey da instrucciones para que se introduzca el alumbrado público en la Ciudad de México.

17 de octubre: Juan Vicente de Güemes Pacheco, segundo Conde de Revillagigedo es nombrado quincuagésimo segundo virrey de la Nueva España. Entre sus obras se encuentran: la fundación del Archivo de la nación, el arreglo de las calles; y cuando se excavaba la Plaza Mayor fue hallado el Calendario Azteca. Creó escuelas gratuitas para ambos sexos; mandó levantar un censo y organizó la administración.

1791

21 de febrero: Antonio López de Santa Anna nace en Jalapa, Veracruz.

1803

8 de diciembre: Se descubre la estatua ecuestre de Carlos IV (el Caballito), fundida en bronce por Manuel Tolsá.

1804

5 de mayo: El Barón de Humboldt realiza un censo y calcula la población de la Nueva España en unos seis millones de habitantes.

1806

21 de marzo: Benito Juárez García nace en San Pablo Guelatao, Oaxaca.

Guerra de Independencia

1810

15 y 16 de septiembre: El cura Miguel Hidalgo y
Costilla se levanta en armas en el pueblo de Dolores,
Guanajuato.

28 de septiembre: Caída de la Alhóndiga de Granaditas, en Guanajuato, queda en poder de los insurgentes.

19 de octubre: Hidalgo publica un decreto aboliendo la esclavitud, en Valladolid, Michoacán.

20 de octubre: El ejército insurgente se dirige hacia la Ciudad de México. En el camino se une a ellos José María Morelos, a quien Hidalgo comisiona para tomar el puerto de Acapulco.

30 de octubre: Hidalgo y Allende, al mando de los insurgentes, derrotan a los realistas en la Batalla del Monte de las Cruces.

7 de noviembre: Morelos toma la Plaza de Tecpan. Ahí se le unen los hermanos Pablo y Hermenegildo Galeana.

20 de diciembre: "El Despertador Americano", primer periódico insurgente, es publicado en Guadalajara por Francisco Severo Maldonado.

1811

14 de enero: Llega al puerto de San Blás la última "Nao de la China".

3 de febrero: Hidalgo es despojado del mando militar que pasa a Allende; en la hacienda de Pabellón, en Aguascalientes.

21 de marzo: Ignacio Elizondo hace prisioneros a los caudillos insurgentes en las Norias de Baján, en Coahuila.

24 de mayo: Chilpancingo es ocupado por José María Morelos y sus soldados. Los hermanos Bravo (Miguel, Víctor, Máximo y Leonardo con su hijo Nicolás), se unen a los insurgentes.

26 de mayo: Morelos ocupa Tixtla y Vicente Guerrero se incorpora a la causa de la independencia.

26 de junio: Ignacio Allende, Juan Aldama y Mariano Jiménez son fusilados en Chihuahua. Mariano Abasolo fue sentenciado a prisión perpetua.

30 de julio: Miguel Hidalgo y Costilla es fusilado en Chihuahua.

16 de diciembre: Mariano Matamoros se presenta en Izúcar con Morelos.

1812

12 de octubre: Proclamación en México de la Constitución Española de Cádiz, de 1812.

1813

13 de septiembre: Instalación del Congreso Nacional en Chilpancingo. Morelos presenta su documento titulado "Sentimientos de la Nación".

6 de noviembre: Se instala en Chilpancingo el Congreso de Anáhuac, y promulga la Independencia de México.

1814

6 de enero: Melchor Ocampo, nace en la hacienda de Pateo, Michoacán.

22 de octubre: Expedición en Apatzingán, Michoacán, por el Congreso de Chilpancingo de la primera Constitución de la América Mexicana.

1815

22 de diciembre: José María Morelos y Pavón es fusilado en San Cristóbal Ecatepec.

1818

10 de febrero: Guillermo Prieto nace en la capital de la República.

22 de junio: Nacimiento de Ignacio Ramírez (El Nigromante), en San Miguel de Allende, Guanajuato.

1821

10 de febrero: Agustín de Iturbide y Vicente Guerrero se reúnen en Acatempan, Guerrero, y se ponen

de acuerdo en los puntos más importantes para la Independencia.

24 de febrero: Iturbide elabora en Iguala, Guerrero, un plan para obtener la Independencia de México.

23 de agosto: Juan O'Donojú, último virrey de la Nueva España, llega a Veracruz.

23 de agosto: Tratado de Córdoba. Iturbide y el Virrey O'Donojú se entrevistan en Veracruz y ese mismo día ratifican el Plan de Iguala.

27 de septiembre: Agustín de Iturbide, al frente del ejército Trigarante, entra a la Ciudad de México.

28 de septiembre: La Junta Provisional Gubernativa, decreta el Acta de Independencia del Imperio Mexicano.

3 de octubre: Declara su independencia y su in-corporación al Imperio Mexicano, la Capitanía General de Guatemala, compuesta por Chiapas, Guatemala, El Salvador, Nicaragua, Costa Rica y Honduras.

1822

20 de julio: Agustín de Iturbide es coronado como Emperador Agustín I.

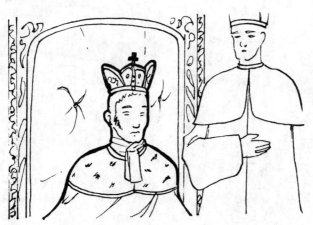

1823

13 de enero: Vicente Guerrero y Nicolás Bravo se levantan en armas contra Iturbide. Publican un manifiesto exigiendo la reinstalación del Congreso.

1 de febrero: Antonio López de Santa Anna proclama el Plan de Casa Mata en Veracruz, pidiendo que se convoque un nuevo Congreso Constituyente.

7 de marzo: Después de reinstalar al Congreso, Iturbide le presenta su abdicación el 19 de marzo.

28 de mayo: El triunvirato formado por Negrete, Bravo y Guadalupe Victoria es nombrado por el Congreso para encargarse del poder ejecutivo.

México independiente

1823

7 de noviembre: Queda establecido el Congreso Constituyente.

20 de diciembre: James Monroe, presidente de Estados Unidos, presenta al Congreso la Doctrina Monroe.

1824

31 de enero: Promulgación del Acta Constitutiva que establece en México el Sistema Republicano y Federal.

4 de octubre: Promulgación de la Constitución de los Estados Unidos Mexicanos. Se divide al país en diecinueve estados, cuatro territorios y un Distrito Federal.

10 de octubre: El General Guadalupe Victoria es elegido primer presidente de la República.

1825

16 de septiembre: Por decreto presidencial se hace efectiva la abolición de la esclavitud.

1826

16 de julio: La independencia de México es reconocida por Inglaterra.

1827

20 de diciembre: El gobierno de Victoria ordena la expulsión de españoles residentes en el país.

1828

1 de septiembre: El General Manuel Gómez Pedraza resulta candidato electo.

1829

12 de enero: Vicente Guerrero es declarado presidente de la República por el Congreso.

10 de septiembre: Las tropas mexicanas bajo el mando de los generales Antonio López de Santa Anna y Manuel Mier y Terán, vencen al Brigadier Isidro Barradas y sus cuatro mil soldados.

1830

16 de octubre: El Banco de Avío es fundado por Lucas Alamán.

14 de febrero: Después de un juicio sumario. Vicente Guerrero es fusilado en Cuilapan, Oaxaca.

1832

16 de octubre: Vicente Riva Palacio, nace en la ciudad de México.

23 de diciembre: Santa Anna y el General Bustamante firman en la hacienda de Zavaleta, Puebla, un convenio. Bustamente renuncia a la presidencia, la cual es ocupada por el General Manuel Gómez Pedraza.

1833

25 de marzo: Es elegido como Presidente de la República, Antonio López de Santa Anna y como vicepresidente el doctor Valentín Gómez Farías.

19 de octubre: Se promulga la Ley de Gómez Farías que declara que la educación es laica.

1834

13 de noviembre: Ignacio Manuel Altamirano nace en Tixtla, perteneciente entonces al Estado de México

y actualmente al de Guerrero. Fue uno de los escritores que participaron en la Revolución de Ayutla, la Guerra de Reforma, la Intervención Francesa y el Sitio de Querétaro.

1836

5 de marzo: El fuerte de "El Álamo" en San Antonio de Béjar, Texas, cae en poder de Santa Anna que manda fusilar a todos los prisioneros.

Junio: Fundación de la Academia de San Juan de Letrán.

28 de diciembre: España reconoce la Independencia de México, por la celebración del Tratado Santa María Calatrava.

1837

19 de abril: Anastasio Bustamante asume la presidencia de la República.

4 de diciembre: La Capitulación de Ulúa no es aceptada por el Gobierno Mexicano, que acepta los servicios de Santa Anna y lo pone al mando del ejército.

1841

28 de septiembre: Plan de Tacubaya. Por medio de este plan, Bustamante y Santa Anna celebran un armisticio y piden que se nombre un presidente provisional y se convoque a un nuevo Congreso Constituyente.

1845

29 de diciembre: Estados Unidos de Norteamérica declara la guerra a México, ante la negativa del gobierno mexicano a reconocer la independencia de Texas.

28 de agosto: Teniente Coronel John C. Fremont, funda la República de California.

6 de diciembre: Antonio López de Santa Anna recibe la presidencia de la República. Nombra como vicepresidente a Valentín Gómez Farías.

1847

11 de enero: Gómez Farías decreta que ordene la incautación de los bienes de la iglesia en la Ciudad de México, ante la negativa del clero a prestar ayuda económica para la guerra con Estados Unidos.

23 de febrero: En la Batalla de la Angostura o de Buenavista, los norteamericanos son derrotados. Pero Santa Anna, ordena abandonar la plaza.

11 de agosto: El ejército norteamericano llega al Valle de México.

22 de agosto: Batalla de Churubusco. Esta plaza fue defendida por el General Pedro María Anaya, quien tuvo que rendirse al quedarse sin municiones.

8 de septiembre: Batalla de Molino del Rey. En esta batalla fallecen el Coronel Lucas Balderas y el General Antonio León.

13 de septiembre: Los alumnos del Colegio Militar defienden heroicamente el Castillo de Chapultepec; pero son vencidos por la supremacía del ejército enemigo.

15 de septiembre: Entrada del ejército norteamericano a la Ciudad de México.

16 de septiembre: El General López de Santa Anna, renuncia a la Presidencia de la República.

20 de octubre: El gobierno mexicano queda establecido en Querétaro.

1848

5 de enero: El General Scott y Mr. Trist negocian nuevas conferencias de paz con México, las cuales fueron aceptadas.

2 de febrero: En la Villa de Guadalupe, Hidalgo, se firma el Tratado de Paz entre México y Estados Unidos. Por este tratado México perdió un territorio con una extensión de ciento diez mil leguas cuadradas.

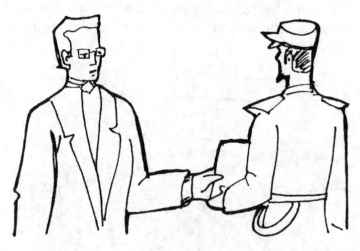

1849

8 de enero: El General Mariano Arista resulta electo Presidente de la República.

1852

2 de febrero: José Guadalupe Posada nace en la ciudad de Aguascalientes. Se le considera como uno de los precursores del muralismo en México.

1853

20 de abril: Asume la presidencia de la República, el General Antonio López de Santa Anna.

13 de diciembre: Venta de La Mesilla, territorio de cien mil kilómetros cuadrados situado entre Chihuahua y Sonora, en diez millones de pesos, de los cuales sólo fueron pagados siete millones.

1854

1 de marzo: El Coronel Florencio Villarreal proclama un plan por medio del cual desconoce al gobierno de Santa Anna en Ayutla, Guerrero.

11 de marzo: En Acapulco, Guerrero, el Coronel Ignacio Comonfort se adhiere al Plan de Ayutla en Aca-

pulco, reconociendo a Juan Álvarez como jefe de la lucha.

15 de septiembre: Por primera vez se canta oficialmente el Himno Nacional Mexicano. El maestro Jaime Nunó escribió la música y Francisco González Bocanegra escribió la letra.

1855

14 de octubre: Juan Álvarez es reconocido como Presidente de la República.

11 de diciembre: Álvarez renuncia a la Presidencia de la República y se nombra como presidente interino al General Ignacio Comonfort.

1856

5 de enero: Se sublevan los Generales Antonio Haro y Tamariz; Orihuela y Luis G. Osollo en Zacapoaxtla, Puebla.

8 de marzo: Los sublevados son derrotados por Comonfort en la batalla de Ocotlán.

25 de junio: Se promulga la Ley Lerdo, la cual ordena la desamortización de bienes eclesiásticos.

1857

17 de enero: Queda establecida la Ley del Registro Civil.

5 de febrero: Promulgación de la Constitución.

1 de diciembre: El General Ignacio Comonfort es electo Presidente de la República y Benito Juárez queda como Presidente de la Suprema Corte.

1858

18 de enero: Por así decretarlo la Constitución Benito Juárez pasa a ser Presidente de la República.

29 de marzo: Juárez y su Gabinete se dirigen a Manzanillo.

4 de mayo: Juárez y su Gabinete, a bordo del vapor Filadelfia, llegan de Panamá para establecer el Gobierno Constitucional en el Puerto de Veracruz.

3 de diciembre: El General José María Echegaray proclama el Plan de Navidad, en Ayotla, Estado de México, por el que se desconoce como presidente de la República al General Félix Zuloaga y se proclama al general Miguel Miramón.

1859

2 de febrero: El conservador Miguel Miramón, es nombrado Presidente de la República.

12 de julio: El gobierno de Juárez dicta en Veracruz la Ley de Nacionalización de los bienes Eclesiásticos.

27 de septiembre: Tratado Mon-Almonte es firmado en París por Alejandro Mon, representante de España, y el general mexicano Juan N. Almonte.

14 de diciembre: Melchor Ocampo firma los Tratados de Tránsito y de Comercio entre Estados Unidos y México. Por Estados Unidos firmó el representante por Maryland, señor Mc Lane.

1860
4 de agosto: Los conservadores son derrotados en Oaxaca por el General Porfirio Díaz.

1861

11 de enero: Entrada de Juárez a la Capital. Restablece los Supremos Poderes Federales. Fin de la Guerra de Reforma.

Intervención francesa

1861

17 de julio: El Congreso expide un decreto suspendiendo por dos años el pago de la deuda pública y las asignaciones extranjeras.

17 de diciembre: Desembarco en Veracruz del General Juan Prim y sus tropas, para hacer reclamaciones al gobierno mexicano.

1862

7 de enero: El Almirante Jurien de la Graviere, al mando de sus tropas llega a Veracruz. Son las primeras tropas francesas que pisan suelo mexicano.

9 de abril: Francia, España e Inglaterra declaran rota la Triple Alianza. Los representantes de España e Inglaterra se retiran.

19 de abril: Antonio Taboada proclama en Córdoba, Veracruz, que el General Juan N. Almonte, quien llegó a México bajo la protección francesa, es ahora el jefe supremo de la nación.

5 de mayo: Batalla de Puebla: El General Ignacio Zaragoza, al mando del Ejército de Oriente derrota al ejército francés, bajo el mando del General Lorencez en la explanada de los fuertes de Guadalupe y Loreto en Puebla.

1863

16 de marzo: Sitio de Puebla: Los franceses bajo el mando del General Elías Forey, inician el sitio de esta

plaza, que estaba defendida por veinte mil mexicanos a las órdenes del general Jesús González Ortega.

17 de mayo: Ante la imposibilidad de recibir ayuda del exterior, González Ortega se rinde, pero antes de entregar la plaza manda destruir el armamento, y que las tropas se disuelvan.

31 de mayo: Benito Juárez, que ha conservado el mando del gobierno nacional, decide trasladar los poderes de la Nación a San Luis Potosí.

10 de junio: Entrada del ejército francés en la Ciudad de México. Entre los generales franceses Elías Forey y Aquiles Bazaine, venían los mexicanos Juan N. Almonte y Leonardo Márquez.

27 de diciembre: Tomás Mejía queda al mando de San Luis Potosí.

1864

10 de abril: En el Castillo de Miramar (Trieste), el Archiduque Maximiliano de Habsburgo recibe a una comisión de conservadores mexicanos, y acepta ser "emperador" de México.

28 de mayo: A bordo de la fragata austriaca *Novara*, llegan a Veracruz el emperador Maximiliano y su esposa Carlota. Son recibidos fríamente por el pueblo.

12 de junio: Entrada triunfal de Maximiliano y Carlota a la Ciudad de México.

I de agosto: Fundación del Banco de Londres y México por los señores Newbold, Geddes, Sewell y Mello.

28 de agosto: El gobierno republicano queda establecido en Paso del Norte (hoy Ciudad Juárez, Chihuahua).

1865

9 de febrero: Oaxaca cae en poder de las tropas francesas a las órdenes de Bazaine. El General Porfirio Díaz es hecho prisionero, pero logra escapar.

8 de noviembre: Ante la situación por la que atraviesa el país, Juárez decide prorrogar su periodo de gobierno por tiempo indefinido. A esto se le llamó "El Golpe de Estado de Paso del Norte".

1866

15 de junio: El Mariscal Bazaine ordena que sus tropas se concentren y se embarquen en Veracruz.

1 de julio: El Conservatorio Nacional de Música es inaugurado por Maximiliano.

8 de julio: La Emperatriz Carlota viaja a Francia para pedirle a Napoleón III que cumpla con lo establecido en el Tratado de Miramar.

27 de septiembre: Entrevista de la emperatriz Carlota con Pío IX en el Vaticano. Sufre un ataque de locura.

1867

19 de febrero: El Emperador Maximiliano y los generales Ramón Méndez, Tomás Mejía y Miguel Miramón, al frente de sus tropas entran a Querétaro.

19 de junio: El Emperador Maximiliano, Miguel Miramón y Tomás Mejía, son fusilados en el Cerro de las Campanas, en Querétaro.

15 de julio: Aclamado por el pueblo, el Presidente Juárez entra a la Ciudad de México y restablece los Supremos Poderes de la Unión.

México a fines de siglo

1869

20 de enero: Entra en vigor la Ley del Juicio de Amparo.

1870

1 de diciembre: Se declara presidente electo a Benito Juárez, por reelección, y al licenciado Sebastián Lerdo de Tejada para Presidente de la Suprema Corte de Justicia.

1871

8 de noviembre: Porfirio Díaz se subleva contra la reelección de Benito Juárez, en su hacienda de la Noria, en Oaxaca.

1872

18 de julio: Benito Juárez muere de angina de pecho.

19 de julio: Sebastián lerdo de Tejada asume la presidencia de la República.

1873

1 de enero: Se inaugura el ferrocarril México-Veracruz.

1876

1 de enero: El General Fidencio Hernández proclama el Plan de Tuxtepec, en el que se admiten las leyes supremas de la constitución del 57 y las Leyes de Reforma. Desconoce como presidente de la República a Sebastián Lerdo de Tejada.

26 de octubre: El licenciado José María Iglesias es reconocido como presidente interino de la República en Salamanca, Guanajuato.

26 de noviembre: Después del triunfo de la Rebelión de Tuxtepec, Porfirio Díaz asume la presidencia de la República.

1877

6 de marzo: Inauguración del Observatorio Nacional de Tacubaya.

9 de abril: Estados Unidos de América reconoce el gobierno del General Porfirio Díaz.

1879

23 de junio: Emiliano Zapata nace en Anenecuilco, Morelos.

1 de diciembre: Joaquín Baranda promueve la reunión del Primer Congreso Nacional de Instrucción Pública, bajo la presidencia de Justo Sierra.

1880

19 de febrero: El General Álvaro Obregón nace en la hacienda de Siquisiva, Sonora.

1 de septiembre: Las compañías del Ferrocarril Central Mexicano reciben concesiones para construir el Ferrocarril Central Mexicano y el Nacional Mexicano.

1 de diciembre: El alumbrado eléctrico se generaliza.

1881

1 de diciembre: El General Manuel González es nombrado presidente de la República.

1882

23 de febrero: Se inician las operaciones de "El Banco Nacional de México" contando con capital mexicano y español.

15 de septiembre: Se da a conocer la Ley de Instrucción Pública, gratuita y obligatoria en la enseñanza primaria.

1884

1 de diciembre: Para un segundo periodo, Porfirio Díaz vuelve a tomar posesión de la presidencia.

1887

14 de diciembre: Por decreto, la Península de Baja California queda dividida en dos territorios.

1888

15 de junio: Ramón López Velarde nace en Jerez (hoy ciudad García). Falleció el 19 de junio de 1921 en la ciudad de México.

1 de diciembre: Con el fin de poder reelegir a Porfirio Díaz para un tercer periodo, se reforma la Constitución de 1857.

1890

16 de marzo: Las petroleras London-Oil Company reciben las primeras concesiones de parte del gobierno federal.

1896

1 de diciembre: Se hacen nuevas elecciones, y el General Díaz resulta electo por cuarta vez.

1899

31 de julio: Sublevación de los indios yaquis contra el gobierno de Porfirio Díaz.

8 de noviembre: En la Angostura, Sonora, los yaquis son vencidos por las tropas federales.

I de diciembre: El presidente Porfirio Díaz es re-
elegido por quinta vez.

1900

18 de enero: Fundación del periódico "Regene-
ración", por Ricardo y Enrique Flores Magón, Antonio
Horcasitas, Librado Rivera y Eugenio Arnaux.

31 de diciembre: Se practica un censo general de
población. México cuenta con trece millones quinien-
tos cuarenta y cinco mil habitantes.

1901

15 de junio: Por publicar artículos subversivos en
su periódico, los hermanos Flores Magón son aprehendidos.

1903

16 de abril: Son aprehendidos los hermanos Flores Magón y sus colaboradores, en la redacción del periódico "El Hijo del Ahuizote".

1904

I de marzo: Se empieza a construir el Teatro Nacional. Se encarga la obra al arquitecto italiano Adamo
Boari. El teatro, que más tarde fue llamado "Bellas Ar-
tes", se inauguró el 29 de septiembre de 1934.

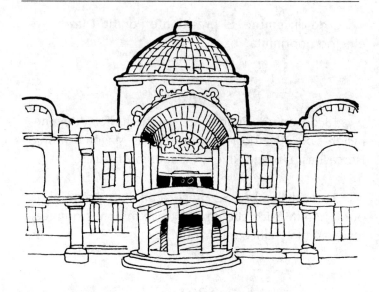

4 de mayo: Díaz consigue que se haga una reforma a la Constitución para aumentar el periodo presidencial a seis años.

1905

16 de mayo: Creación de la Secretaría de Educación Pública. Justo Sierra queda al frente de la misma.

1906

1 de junio: Huelga de Cananea: Una huelga minera estalla en Cananea, Sonora. Los líderes son enviados a San Juan de Ulúa.

14 de diciembre: Los obreros de la industria textil de la región de Orizaba, Veracruz, se declaran en huelga.

1908

21 de noviembre: Francisco I. Madero publica su libro "La sucesión presidencial en 1910".

1909

22 de mayo: Bajo los principios de "Sufragio Efectivo. No Reelección", se funda el Partido Antirreeleccionista.

I de julio: Madero conoce al licenciado María Pino Suárez, en Progreso, Yucatán.

1910

6 de junio: Francisco I. Madero es aprehendido en Monterrey.

16 de septiembre: Se llevan a cabo las fiestas para celebrar el primer centenario de la Independencia.

4 de octubre: El general Porfirio Díaz es reelecto por séptima vez.

La Revolución

1910

7 de octubre: El Plan de San Luis es proclamado por Francisco I. Madero. En él se invita al pueblo a levantarse en armas el 20 de noviembre de 1920.

20 de noviembre: Inicia la Revolución Mexicana.

1911

26 de mayo: Díaz se embarca en el vapor alemán *Ipiranga* con destino a España. Su familia le acompaña. Ese mismo día queda como presidente interino el Licenciado León de la Barra.

7 de junio: Entrada triunfal de Francisco I. Madero en la Ciudad de México.

6 de noviembre: Francisco I. Madero es electo Presidente de la República. José María Pino Suárez ocupa el puesto de vicepresidente.

28 de noviembre: Emiliano Zapata y otros revolucionarios proclaman el Plan de Ayala, en el que desconocen al Presidente Madero, nombrando en su lugar a Pascual Orozco.

1912

10 de abril: El General Victoriano Huerta queda al mando de la División del Norte, en Torreón.

15 de julio: En la Ciudad de México se funda la Casa del Obrero Mundial.

1 de agosto: El Teniente Coronel Álvaro Obregón derrota a los orozquistas.

1913

18 de febrero: Victoriano Huerta y Félix Díaz traman destituir a Madero y otorgar el gobierno interino a Huerta; más tarde éste apoyaría al General Díaz en su postulación a la presidencia.

22 de febrero: Madero y Pino Suárez son asesinados. Es nombrado presidente de la República el Licenciado Pedro Lascuráin, que renuncia a favor del General Huerta.

26 de marzo: En Coahuila, el gobernador Venustiano Carranza, proclama el Plan de Guadalupe, que desconoce al gobierno de Huerta.

1914

2 de abril: El General Francisco Villa, al mando de "La División del Norte" ocupa Torreón.

21 de abril: Los marinos norteamericanos entran a Veracruz, tras un intenso bombardeo.

23 de junio: Villa, al mando de la División del Norte, se apodera de la ciudad de Zacatecas.

8 de julio: Tras derrotar a los federales, Álvaro Obregón entra a Guadalajara.

14 de julio: Ante la derrota, Victoriano Huerta no tiene más remedio que renunciar al Poder Ejecutivo y se embarca con rumbo a Europa. Al frente del gobierno queda el licenciado Francisco Carvajal.

20 de agosto: Entrada de Venustiano Carranza a la capital. Asume la presidencia.

24 de noviembre: Entrada del ejército zapatista a la Ciudad de México.

4 de diciembre: En Xochimilco se reúnen los generales Francisco Villa y Emiliano Zapata.

1915

19 de enero: El general Obregón conduce a las tropas constitucionalistas hacia Puebla; mientras que Zapata se retira al Sur y Villa se dirige a Chihuahua.

10 de marzo: El general Álvaro Obregón se dirige a combatir a Francisco Villa, que había reunido sus tropas en Aguascalientes, Irapuato y Salamanca.

13 de abril: Batalla de Celaya entre villistas y constitucionalistas. Obregón hace fusilar a todos los oficiales que cayeron prisioneros.

9 de octubre: Estados Unidos de Norteamérica, Argentina, Bolivia, Brasil, Guatemala, Nicaragua y Uru-

guay reconocen el gobierno de Carranza. Más tarde, hicieron lo mismo los gobiernos de Chile, Costa Rica y El Salvador.

I de noviembre: Plutarco Elías Calles vence a los villista en Agua Prieta, Sonora.

1916

9 de marzo: Francisco Villa, con cien hombres a caballo, ataca la población de Columbus, Nuevo México.

12 de junio: El Presidente Carranza convoca para elecciones municipales en todo el país.

1917

5 de febrero: Promulgación en Querétaro de la Constitución de 1917.

1918

15 de marzo: El Gobernador de Coahuila, Gustavo Espinosa Mireles, por órdenes de Carranza, lanza una convocatoria pidiendo a las agrupaciones obreras que envíen sus representantes a una convención en Saltillo. Aquí surgió la Confederación Regional Obrera Mexicana (CROM) bajo la presidencia del sindicalista Luis N. Morones.

1919

10 de abril: El Coronel Jesús Guajardo, le tiende una emboscada en la hacienda de San Juan Chinameca, Morelos, a Zapata, el cual murió ahí.

1920

13 de abril: El General Álvaro Obregón huye de la ciudad de México, escapándose de la policía carrancista.

24 de abril: Plan de Agua Prieta: los generales Plutarco Elías Calles, Francisco R. Manzo y Ángel Flores desconocen el gobierno de Venustiano Carranza.

21 de mayo: Venustiano Carranza es asesinado por Rodolfo Herrero y otros hombres, en la aldea de Tlaxcalantongo, en la Sierra de Puebla.

1 de junio: Adolfo de la Huerta recibe al gobierno interino de la nación.

28 de julio: Francisco Villa se rinde en Sabinas.

26 de octubre: El General Álvaro Obregón resulta electo presidente para el periodo 1920-1924. toma posesión de su cargo el 1 de diciembre de 1920.

México contemporáneo

1920

9 de julio: Creación de la Secretaría de Educación
Pública. El primer secretario fue José Vasconcelos.

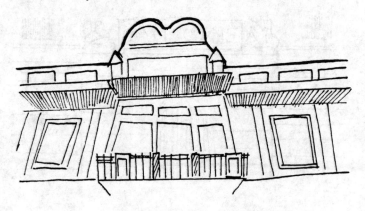

1921

3 de septiembre: Los petroleros norteamericanos
firman un convenio con el gobierno de México, en el

que aceptan pagar un diez por ciento más, cantidad que será aplicada al pago de la deuda exterior.

1923

20 de julio: El General Francisco Villa y varios de sus hombres, son asesinados en una emboscada en la ciudad de Parral, Chihuahua.

1924

I de diciembre: El general Plutarco Elías Calles asume la Presidencia de la República.

1925

I de septiembre: Fundación del Banco de México.

1926

31 de julio: Para protestar por la expulsión del país, del delegado apostólico y otros obispos, el clero mexicano suspende los cultos.

1928

1 de julio: Resulta electo como Presidente de la República, el General Álvaro Obregón.

17 de julio: Álvaro Obregón es asesinado por el cura José de León Toral en el parque de la bombilla, en San Ángel, Distrito Federal.

1 de diciembre: Emilio Portes Gil es designado por el Congreso para asumir la Presidencia de la República.

1929

4 de marzo: Plutarco Elías Calles funda el Partido Nacional Revolucionario, más tarde llamado Partido de la Revolución Mexicana y actualmente Partido Revolucionario Institucional.

27 de junio: Portes Gil arregla y termina el problema religioso de la llamada "Revolución Cristera".

1930

5 de febrero: Pascual Ortiz Rubio asume la Presidencia de la República.

27 de septiembre: El Licenciado Genaro Estrada, Secretario de Relaciones, establece la Doctrina Estrada, para dirigir la política exterior del país.

1932

15 de mayo: Ingreso de México a la Liga de las Naciones.

1934

5 de enero: Publicación de la Ley del Salario Mínimo en el Diario Oficial.

1 de diciembre: El General Lázaro Cárdenas asume la Presidencia de la República.

1938

18 de marzo: Lázaro Cárdenas declara la nacionalización de la industria petrolera.

1940

1 de diciembre: Manuel Ávila Camacho asume la Presidencia de la República.

1942

28 de mayo: Declaración de guerra por parte del gobierno del General Ávila Camacho a las potencias del Eje.

1943

20 de febrero: Erupción del volcán Paricutín en Michoacán.

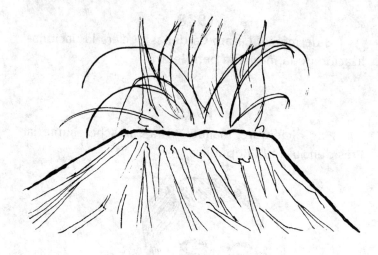

1946

7 de mayo: Se descubren los restos del hombre de Tepexpan y un mamut. Se les atribuye una antigüedad de diez a doce mil años.

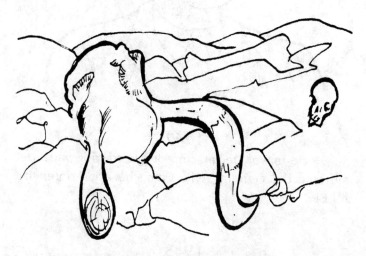

1 de diciembre: El Licenciado Miguel Alemán Valdés toma posesión como Presidente de la República.

1949

22 de abril: Empieza la construcción del Ferrocarril Chihuahua-Pacífico.

1950

29 de noviembre: Inauguración del Aeropuerto Internacional de la Ciudad de México. Bajo la presidencia de Miguel Alemán Valdés.

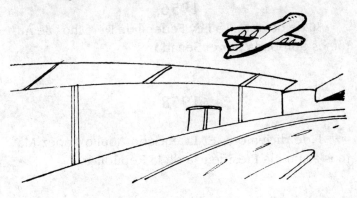

1952

20 de noviembre: Inauguración de Ciudad Universitaria en la Ciudad de México.

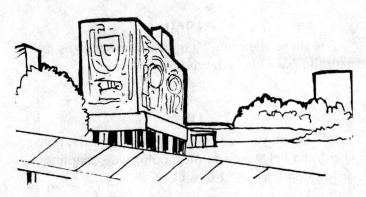

1 de diciembre: Adolfo Ruiz Cortínez es nombrado Presidente de la República.

1953

17 de octubre: La mujer mexicana obtiene la ciudadanía sin restricciones.

1956

30 de octubre: La Ley Federal de Derechos de Autor, es aprobada por el Senado.

1958

1 de diciembre: El Licenciado Adolfo López Mateos asume la Presidencia de la República.

1959

12 de febrero: Creación de la Comisión Nacional de los Libros de Texto Gratuitos.

1960

30 de septiembre: La industria eléctrica es nacionalizada por el Presidente López Mateos.

1964

15 de mayo: Es trasladada la estatua de Tláloc a la entrada del Museo de Antropología de Chapultepec, desde Coatlinchan, Texcoco.

1 de diciembre: El Licenciado Gustavo Díaz Ordaz asume el Poder Ejecutivo.

1968

1 de julio: Se inician protestas en las escuelas de educación superior de la Ciudad de México.

2 de octubre: Matanza de los estudiantes en la Plaza de las Tres Culturas, en Tlatelolco.

12 de octubre: Los Juegos Olímpicos en México son inaugurados por el Presidente Gustavo Díaz Ordaz.

1976

1 de diciembre: El Licenciado José López Portillo es nombrado Presidente de la República.

1982

1 de septiembre: El Presidente anuncia que se ha nacionalizado la banca.

1 de diciembre: El Licenciado Miguel de la Madrid Hurtado asume la Presidencia de la República.

1985

19 y 20 de septiembre: Se producen dos terremotos en la Ciudad de México, que dejan un saldo muy grande de pérdidas humanas y materiales.

1988

1 de diciembre: Sube a la Presidencia de la República, el Licenciado Carlos Salinas de Gortari.

12 de diciembre: Empieza a funcionar el Pacto para la Estabilidad y el Crecimiento Económico (PECE).

1994

1 de enero: Entra en vigor el Tratado de Libre Comercio, firmado por México, Estados Unidos y Canadá.

Enero: Se levanta en armas el EZLN: Ejército Zapatista de Liberación Nacional, en Chiapas.

1 de diciembre: Recibe la Presidencia de la República, el Licenciado Ernesto Zedillo Ponce de León.

2000

1 de diciembre: Sube el señor Vicente Fox Quesada a la Presidencia de la República. Acabándose 70 años de dirigencia del PRI.

Índice

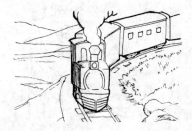

Esta obra se termino de imprimir en Abril del 2013
en los talleres de Editores Impresores Fernández S.A. de C.V.
Retorno 7 de sur 20 núm. 23 Col. Agrícola Oriental
C.P. 08500, México D.F.
Tiraje: de 1000 Ejemplares

$6.99